Leitores e Leituras
Sequências didáticas de professores

Alfredina Nery
(Organizadora)

Andréa Ribas Bortoletto
Aparecida Auxiliadora de Lourdes
Eliane Cecato
Lenenira Maria dos Santos
Lilian Ribas Gomez Alvarez
Marcelo Aparecido da Silva
Maria de Lourdes de Moura Santos
Maria do Socorro Gomes da Silva
Marli Pinto de Campos
Renata Fernandes Gomes Olaia
Suellen Alves Gonçalves
Vanessa Sotelo da Silva

Porto de Idéias
EDITORA

São Paulo, 2014

Leitores e Leituras
Sequências didáticas de professores

Organizadora
Alfredina Nery

Autores
Andréa Ribas Bortoletto
Eliane Cecato
Lilian Ribas Gomes Alvarez
Maria de Lourdes Moura Santos
Marli Pinto de Campos
Suellen Alves Gonçalves
Aparecida Auxiliadora de Lourdes
Lenenira Maria dos Santos
Marcelo Aparecido da Silva
Maria do Socorro Gomes da Silva
Renata Fernandes Gomes Olaia
Vanessa Sotelo da Silva

Editor
Sebastião Haroldo de Freitas Corrêa Porto

Coordenação Editorial
Silvana Pereira de Oliveira

Projeto Gráfico e Capa
Otávio Oliveira Silva

Dados Internacionais de Catalogação na Publicação (CIP)
(Câmara Brasileira do Livro, SP, Brasil)

Leitores e leituras : sequências didáticas de professores / Alfredina Nery (organizadora). -- 1. ed. -- São Paulo : Porto de Idéias, 2014.

Vários autores
ISBN 978-85-8061-072-7

1. Educação - Brasil 2. Literatura 3. Leitores 4. Leitores - Formação 5. Leitura 6. Leitura - Estudo e ensino 7. Mediação 8. Professores - Formação I. Nery, Alfredina.

14-10041 CDD-370

Índices para catálogo sistemático:
1. Formação de leitores : Educação 370

EDITORA PORTO DE IDÉIAS LTDA.
Rua Perdões, 101 – Aclimação
São Paulo – SP – 01529.030
Fone (11) 3884-3814
www.portodeideias.com.br
twitter.com/portodeideias

Como a linguagem determina, delimita e amplia nossa imaginação no mundo? Como as histórias que contamos nos ajudam a perceber a nós mesmos e aos outros?

Alberto Manguel

A cidade das palavras: as histórias que contamos para saber quem somos.

Caros Professores e Senhores Gestores

A presente coletânea é o registro escrito do processo de formação em serviço que foi levada a cabo em 2012, no município de Cajamar/SP, com professores de 3º e 5º anos, na área de Língua Portuguesa. A formação foi vivenciada em vários momentos.

Primeiramente, houve a decisão de se tematizar a prática na formação de polo, quando os professores se candidataram a apresentar suas práticas de leitura, junto aos alunos, tendo em vista três esferas discursivas (literária, jornalística e de divulgação científica) e alguns textos de curiosidades. Resolveu-se ainda trabalhar com as modalidades organizativas: Sequências Didáticas e Atividades Permanentes. E ainda houve uma ênfase na prática de Leitura Compartilhada, como uma importante ferramenta de formação de leitores mais proficientes.

Assim, houve o planejamento individual por parte de cada professor que tematizou sua prática. Para isto, contou-se com a contribuição do trio gestor de cada escola, especialmente da assessora interna, bem como das Assistentes Técnico-Pedagógicos (APs) da Diretoria de Ensino e ainda da assessora externa. Todos realizaram suas "leituras críticas" do plano escrito em primeira versão.

Em seguida, o professor elaborou outra versão a partir das várias contribuições e vivenciou a proposta planejada na escola com acompanhamento das APs. Após, houve a elaboração de uma última versão da proposta escrita, tendo em vista a prática realizada, para que fosse discutida na formação de polo, em data já agendada.

As propostas apresentadas na formação dialogaram com a proposta curricular de Cajamar/2012, assim como proporcionaram trocas de experiências com os demais professores no polo.

Esperamos que esse material seja mais um passo na consolidação de boas propostas de leitura para nossos alunos.

Alfredina Nery (Assessora Externa), Andréa Ribas Bortoletto (AP Comunicação), Lenenira Maria Santos (AP Alfabetização), Maria de Lourdes Moura Santos (AP Alfabetização), Renata Fernandes Gomes Olaia (AP Alfabetização), Vanessa Sotelo da Silva (AP Comunicação)

Prefácio

A Diretoria de Educação Municipal de Cajamar tem desenvolvido ao longo dos últimos anos uma política de formação continuada de seus profissionais – seja da equipe técnica do órgão central, seja das equipes técnicas das escolas e de seus quadros de professores.

Aliás, foi a opção política de formação continuada que permitiu aos profissionais da educação da rede municipal de Cajamar discutirem e oferecerem contribuições fundamentais para o movimento de reorientação curricular vivido nas escolas entre 2010 e 2012. Movimento esse que culminou com a organização e publicação dos cadernos que registraram a Proposta Curricular do Município de Cajamar.

Essa proposta explicita os princípios e concepções pedagógicas de forma sistematizada, não como uma cartilha com sequências didáticas prontas para serem reproduzidas, mas como uma referência pedagógica da identidade dos educadores de Cajamar.

Essa prática e essa forma de enxergar que a educação de melhor qualidade se faz com a formação continuada de seus profissionais é que motiva e encoraja os professores a explicitarem suas práticas pedagógicas assim como submetê-las à discussão com seus pares e outros pares mais avançados para aprimorá-las, reorganizá-las e ressignificá-las com a finalidade de investir numa maior aprendizagem dos alunos.

Assim, o "ler e escrever em todas as areas" e, sobretudo, a formação continuada nas práticas de linguagem tem possibilitado a construção de saberes pedagógicos que se refletem na organização mais consistente do trabalho em sala de aula com os alunos nas atividades de leitura, escrita e linguagem oral.

Pensar, estudar e conhecer as habilidades envolvidas nas práticas de leitura deve fazer parte continuada do estudo e da reflexão dos professores que têm por objetivo essencial serem leitores assim como formar alunos leitores nas diferentes esferas discursivas.

Como dito em nosso currículo, no caderno *Códigos e Linguagens*, p. 69 "Para realizarmos um bom trabalho com leitura, precisamos ter claro as finalidades e os diferentes modos de ler na sociedade para 'traduzi-los' na escola. Para isto, há determinados encaminhamentos didáticos que podem contribuir, decididamente, para a formação de leitores na escola, como, por exemplo, as atividades permanentes, em situações de repertoriar os alunos com um determinado tema, autor ou gênero textual. As Sequências Didáticas de Leitura propõem, por sua vez, análises aprofundadas de cada texto selecionado, tendo em vista as diferentes esferas discursivas e gêneros textuais".

Esse foi o caminho percorrido por estas professoras e professor quando desenvolveram suas propostas de leitura nas diferentes esferas discursivas com suas turmas de aluno. Junto com a equipe técnica da Diretoria e a assessora externa da área de Língua Portuguesa, se propuseram a escolher uma de suas propostas de trabalho com a leitura para que fossem tematizadas. Ao "desnudarem" suas práticas, se permitiram fazer releituras, questionamentos e reorganização de suas atividades para irem se tornando mais reflexivos, uma vez que a discussão e a intervenção por e entre pares possibilitam novas aprendizagens também para os professores e permitem a organização de uma proposta de leitura que vá contribuindo efetivamente para a construção de uma competência leitora dos alunos.

O material aqui apresentado permite refletir e aprender sobre o desenvolvimento de uma proposta de leitura que, enquanto sequência didática de leitura, constitui-se numa modalidade organizativa que pressupões o planejamento de um trabalho pedagógico em uma determinada sequência, com ações didáticas articuladas entre si, planejadas pelo professor que conhece suas finalidades de trabalho e como vai trabalhar com elas e por quanto tempo, como está explicitado à página 71 na Proposta Curricular.

Destaca-se nas diferentes propostas apresentadas uma preocupação com o planejamento e desenvolvimento das atividades pelas professoras e professor, bem como nas propostas aprofundadas e fundamentadas teoricamente pela equipe técnica da Diretoria e assessora externa. Busca-se o enredamento que as narrativas proporcionam nos casos das esferas literárias, as informações, ou o contato com o universo científico e a ampliação dos conhecimentos quando o gênero é texto de divulgação científica.

Sobretudo, em toda a organização do trabalho – em cada SD – há uma prática descrita que pode, despretensiosamente, ajudar o leitor a pensar e aprender um pouco mais sobre a leitura e a formação de leitores e como isso pode acontecer na escola enquanto prática social. A formação do leitor é um processo inacabado – sempre –, mas há que se considerar o importantíssimo papel da escola e de uma organização de trabalho planejada que leva em conta os conhecimentos dos alunos, mas que tem como objetivo central a ampliação de um repertório, o desenvolvimento de estratégias que possibilitem os processos de interpretação e construção de sentidos e significados, permitindo a cada aluno o desenvolvimento de uma competência leitora. E esse leitor é o professor, são as pessoas envolvidas com educação e com a formação de leitores.

Lúcia Maria de Carvalho
Diretora Municipal de Educação de Cajamar

Sumário

Sequência didática de leitura

Gênero: Conto de Assombração
Título: "A noite assombrada"
Autora: Sonia Junqueira
Portador: Junqueira, S. *A noite assombrada.* São Paulo: Atual, 1994.
Duração: 6 aulas
Eixo Predominante: Português
Professora: Marli Schiavo
Escola: Emeb Profª Veneranda de Freitas Pinto
Série: 5º ano do Ensino Fundamental

Objetivo de ensino

Trabalhar com as estratégias de leitura, no sentido de a criança ir tomando consciência de que o processo de ler prevê seleção, antecipação, inferência e verificação de aspectos do texto que se lê.

Expectativas de aprendizagem

- Estabelecer conexões entre o texto e os conhecimentos prévios, vivências, crenças e valores.
- Relacionar o gênero à situação comunicativa e ao suporte que circula originalmente.
- Estabelecer a relação entre o título e o corpo do texto ou entre as imagens (fotos e ilustrações) e o corpo do texto.
- Recuperar informações implícitas.
- Levantar as ideias principais do texto para organizá-las em sequência lógica.
- Descrever personagens, identificar o ponto de vista do narrador, reconhecendo suas funções na narrativa.
- Articular episódios em sequência temporal e caracterizar o espaço onde ocorre os eventos narrados.
- Identificar o conflito gerador.

Antes da leitura

1. Fazer questionamentos se os alunos conhecem outros contos de assombração e abrir espaço para que socializem com a sala. Fazer relação com filmes, lendas urbanas etc.

2. Utilizar recursos visuais previamente preparados e colocados dentro de um caixão, ocupando um lugar de destaque e de onde o professor tirará o livro.

3. Citar o nome do autor e questionar se já o conhecem e outras obras (se algum aluno conhecer outra obra, convidá-lo a socializar).

4. Fazer um breve relato da biografia do autor.

5. A partir da exploração da capa, ilustrações internas e externas, orelha e contracapa, provocando interesse para o que será lido, fazer levantamento dos conhecimentos prévios e dos elementos contextualizadores:

> **a.** Observando a capa: de que vocês acham que a história falará?
>
> **b.** Que título vocês acham que a história terá?
>
> **c.** Que personagens podem aparecer no texto? Quais suas características?
>
> **d.** Que gênero textual?
>
> Registrar em papel kraft os levantamentos prévios citados para posterior reflexão.

6. Criar um clima de encantamento e envolvimento, despertando o interesse para o que será lido.

Durante a leitura

Ler pausadamente e com entonação.

1. Fazer questionamentos breves, que despertem antecipações, suspense e interesse dos alunos:

— Vocês teriam coragem de dormir ou morar na casa dos gemidos? Vamos ver se elas têm essa coragem?

— Vocês acham que ela está sonhando, ou de fato isto está acontecendo?

— Qual a intenção do fantasma em provocar o medo da moça?
— Quem vocês acham que é o fantasma?

2. Discutir as hipóteses levantadas que estão no cartaz, discutindo os conhecimentos prévios dos alunos.

3. Cada aluno receberá uma cópia digitada do texto (já organizados em duplas produtivas) para fazerem a leitura e localizar/grifar no texto:

a. Quem são os personagens e suas características?
b. Que palavras confirmam que mãe e filha são miseráveis?

4. Propor às duplas (cada dupla fica responsável por uma palavra ou expressão) que substituam as palavras ou expressões a seguir por outras de uso mais frequente (cotidiano), para que percebam certos recursos linguísticos usados pelo autor que deixam o texto mais bonito ou bem escrito. Depois, cada dupla socializará com a sala, confirmando ou não a substituição que foi feita.

- Camas meio capengas;
- Casebres;
- Esfomeados;
- Ser vivente deu conta de pousar lá;
- Urros horripilantes;
- Flores silvestres;
- Noite enluarada;
- Mãe e filha entraram receosas e ressabiadas;
- Ficar vagando.

5. Resgatar oralmente a história, focando quem são e o que faziam os personagens, e os três momentos da narrativa (situação inicial, conflito e desfecho). Fazer o quadro na lousa e pontuar o que os alunos forem explicitando.

Situação inicial	**Conflito**	**Desfecho**
O pai morre, a filha e a mãe ficam miseráveis e ninguém pode ajudar.	A assombração aparece e deixa cair suas partes.	Resolve-se o problema da assombração; a moça recebe a herança e fica rica.

Depois da leitura

1. Criar momento de reflexão que faça com que os alunos expressem suas opiniões e argumentem sobre os episódios do texto:

a. A mãe e sua filha entraram numa casa abandonada. O que levou mãe e filha a tomarem essa atitude? Vocês agiriam desta forma?

b. Você achou correta a atitude da assombração ao deixar a herança toda para a moça? Por quê?

c. Na sua opinião, é melhor se esconder de fatos que assustam ou enfrentá-los? Justifique sua resposta.

d. Vocês já passaram por uma situação de medo em sua vida? Qual? Abrir para socialização.

2. Fazer uma sinopse (coletiva) para ser afixada no mural da escola "Li e gostei".

3. Retomar o quadro dos três momentos da narrativa e depois pedir a reescrita/reprodução da história lida pelos alunos que, depois das intervenções (revisão, edição), serão afixadas no mural da sala.

Sequência didática de leitura

Gênero: Conto
Título: "Amigos, mas não para sempre"
Autor: Rogério Andrade Barbosa
Portador: BARBOSA, R. A. *Contos africanos para crianças brasileiras*. São Paulo: Paulinas, 2004.
Duração: 4 aulas
Professor: Marcelo Aparecido da Silva
Escola: Emeb Profª Maria de Lourdes Mattar
Série: 3º ano do Ensino Fundamental

Expectativa de aprendizagem

- Ler com ajuda e/ou autonomamente, apoiando-se em conhecimentos sobre o assunto do texto e as características do portador/suporte e do gênero textual.
- Localizar, inferir e explicitar o texto lido pelo professor.
- Estabelecer conexões entre os textos e os conhecimentos prévios, vivencias, crenças e valores.
- Estabelecer a relação entre o título e o corpo do texto ou entre as imagens (fotos, ilustrações) e o corpo do texto.

Antes da leitura

Compartilhar com os alunos os objetivos desta proposta de trabalho: o porquê da escolha do livro; o que o professor quer que os alunos aprendam (as diferenças culturais; o gênero; a composição do conto, os personagens, o conflito gerador e a ideia principal do texto.

1. Apresentação do livro:

- O que vocês podem dizer sobre a capa do livro?
- Que tipo de assunto esperam encontrar no interior do livro?

Em seguida, assistir com os alunos ao vídeo em que Rogério Andrade Barbosa conta um pouco sobre sua história.

Disponível em: http://www.youtube.com/watch?v=CUM-DHjfct0

2. Apresentar alguns aspectos da história sobre a África (mostrar imagens, mapas, pesquisa). Conversar com os alunos sobre a história da África, sobre a riqueza da cultura africana e sua influência na cultura brasileira (músicas, comidas, histórias, religiões). Explicar que a história a ser lida é um conto africano.
3. Elaborar um cartaz/síntese das descobertas do estudo sobre a África.

Atenção: o professor tomará nota na lousa , por meio da oralidade dos alunos, e juntos farão o cartaz.

4. Antecipação do tema do conto a partir do título:
- *Amigos, mas não para sempre.*
- Indagação: O que o título sugere? Qual é a relação entre o gato e o rato que sempre são contadas ou relatadas?

Durante a leitura

1. Realização da leitura pelo professor e as respectivas indagações:
- Onde eles poderiam guardar o pote de Ghee?
- Qual a relação do pote de manteiga com os nomes dos batizados?

- Se o rato não tivesse agido como agiu, o que mudaria a história?
- Qual seria o final que vocês esperavam?
- Vocês conheciam contos africanos?
- O que podemos aprender com eles?
- O que conseguimos aprender com estas atividades?

Depois da leitura

1. Organização dos agrupamentos: leitura pelos alunos/círculo – cópias. Orientar sobre o momento da leitura em voz baixa, sublinhar as palavras desconhecidas do texto (Grupo).

Quadro para pesquisa das palavras desconhecidas do texto

Palavras que não conheço	O que acho que significam	O que diz o dicionário?
		(Explicar aos alunos que devem selecionar o significado que melhor se encaixa no contexto do texto).

2. Discussão do texto com os alunos, levando-os a perceber todo o desenrolar do enredo.
3. Roda de conversa: troca de impressões sobre a história .
4. Reescrita coletiva para resgatar os pontos principais da história.

Atenção: Os alunos não alfabetizados receberão cópia em letra de imprensa maiúscula e os demais em letra de imprensa minúscula.

Sequência didática de leitura

Gênero: Conto árabe
Título: "Uma fábula sobre a fábula"
Autora: Regina Machado
Portador: MACHADO, R. *O violino cigano e outros contos de mulheres sábias*. São Paulo: Cia. das letras, 2004.
APs: Andréa Ribas Bortoletto, Lenenira Maria dos Santos, Maria de Lourdes de Moura Santos, Renata, Vanessa Sotello da Silva e assessora Alfredina Nery

Objetivo de ensino

Trabalhar com as estratégias de leitura, no sentido de a criança ir tomando consciência de que o processo de ler prevê seleção, antecipação, inferência e verificação de aspectos do texto que se lê.

Expectativas de aprendizagem

- Ler com ajuda e/ou autonomamente, apoiando-se em conhecimentos sobre o assunto do texto e as características do portador/suporte e do gênero textual.
- Estabelecer relação entre o título e o texto ou entre as imagens (foto e ilustração).
- Localizar e inferir informações sobre o texto lido pelo professor.
- Estabelecer conexões entre os textos e os conhecimentos prévios, vivências, crenças e valores.

Antes da leitura

1. Tratando do tema, socializar com o grupo que será lido um texto que fala sobre "verdade", "acusação" e "fábula". O que podemos dizer sobre as três? Registrar na lousa.
2. Tratando da cultura na qual se inscreve o conto a ser trabalhado, discutir algumas expressões e palavras, como: "Allah Hu Akbar",

"Sultão Al-Raschid", "grão-vizir", "palácio", "Bagdá" (escrever na lousa). A que essas expressões e palavras remetem?

Sultão: soberano, designava antigamente uma pessoa austera e poderosa.
Vizir: ministro e conselheiro de um sultão.
Bagdá: capital do Iraque, islamismo.
Allah Hu Akbar! Allah Hu Akbar!: Deus é o maior!
Palácio: casa do rei ou de nobre.

3. Apresentar a imagem da capa e o autor.
4. Apresentar para o grupo o título do conto: "Uma fábula sobre a fábula". O que esse título nos sugere? Registrar na lousa ou em papel kraft.
5. Entregar cópia do conto selecionado para todos.

Durante a leitura

1. Ler o texto, de forma compartilhada (detalhadamente a seguir):

Trechos	Possíveis paradas para comentários
"Allah Hu Akbar! Allah Hu Akbar!". [...] "Foi assim que uma vez a **Verdade** desejou conhecer um palácio por dentro e escolheu o mais suntuoso de todos, onde vivia o grande sultão Haroun Al-Raschid". "**Vestiu seu corpo apenas com um véu transparente** e pouco depois chegou à porta do magnífico palácio".	Destaque para a expressão: *Allah Hu Akbar! Allah Hu Akbar!* (Deus é o maior!). Invoca-se o nome de Allah, o que confere à narrativa autenticidade e veracidade ao que se vai narrar.

[...] "**— O quê? A Verdade em nosso palácio? De jeito nenhum, isso eu não posso permitir. Imagine o que ia ser de mim e de todos daqui se a Verdade aparecesse diante de nós? Estaríamos todos perdidos, sem exceção. Pode mandar essa mulher embora, imediatamente".**	Os trechos grifados representam a ênfase que se fará, na leitura compartilhada, a respeito de cada episódio da narrativa: a presença da verdade (e a reação do sultão); depois da acusação (e a reação do sultão) e, por fim, da fábula (e a reação do sultão).
[...] Deus criou a **mulher** e junto com ela criou a **teimosia. A Verdade não se deu por vencida e foi procurar roupas para vestir. Cobriu-se dos pés à cabeça com peles grosseiras, deixando apenas o rosto de fora** e foi direto, é claro, para o palácio do sultão Haorun Al-Rachid". **[...]** "**— Nem pensar. Já imaginou o que seria de mim, de todos daqui, se a Acusação entrasse nesse palácio? Estaríamos todos perdidos, sem exceção. Mande essa mulher embora imediatamente".**	Acontece quê...? O que poderia ter acontecido a partir daqui? Depois dos comentários, ler o trecho e pedir que comparem com a Verdade, no primeiro trecho, quanto: • às vestes; • à linguagem dela; • à reação do sultão.

[...]

E isso porque...

Deus criou a mulher e junto com ela criou o capricho.

[...]

"A Verdade buscou pelo mundo as vestes mais lindas que pôde encontrar: veludos e brocados, bordados com fios de todas as cores do arco-íris. Enfeitou-se com magníficos colares de pedras preciosas, anéis, brincos e pulseiras do mais fino ouro e perfumou-se com essência de rosas. Cobriu o rosto com um véu bordado de fios de seda dourados e prateados e voltou ao palácio do sultão Haroun Al-Raschid".

[...]

"**— O quê? — disse o grão-vizir, completamente encantando. — A Fábula quer entrar em nosso palácio? Mas que grande notícia! Para que ela seja recebida como merece, ordeno que cem escravas a esperem com presentes magníficos, flores perfumadas, danças e músicas festivas".**

E agora o que pode acontecer?

Depois dos comentários, ler o trecho e pedir que comparem com a Verdade, no primeiro e segundo trechos, quanto:

- às vestes;
- à linguagem dela;
- à reação do sultão.

2. Em seguida, retomar o quadro preenchido antes da leitura. No primeiro momento, retomar o que se fala sobre a **Verdade** no texto, localizando e lendo o parágrafo. Como ela está vestida? Por que não foi aceita?
3. Realizar a mesma discussão com a **Acusação** e a **Fábula**. (Chamar atenção que "fábula", neste conto, quer dizer "efabulação, criação ficcional, imaginação, fantasia", e não o gênero fábula, tal qual conhecemos hoje).
4. Questionar o grupo: por que a Verdade vestida de fábula conseguiu entrar no palácio?

Definições de fábula:

> "A fábula é uma pequena narrativa que, sob o véu da ficção, guarda uma moralidade."
> La Fontaine (séc. XVII)
>
> "A fábula tem dupla finalidade entreter e aconselhar."
> Fedro (séc. I d.C.)
>
> "Fábula é um discurso mentiroso que retrata uma verdade."
> Theon (séc. I d.C.)

Depois da leitura

1. Solicitar comentários, levando em conta as diferenças entre as protagonistas femininas dos contos de fadas e a protagonista do conto de Regina Machado.
2. Propor sínteses orais ou escritas do texto lido.
3. Analisar os muitos "substantivos e adjetivos" que povoam o texto, todo elaborado com muita adjetivação. Com isto, a análise linguística relaciona-se à construção temática do conto.

Sequência didática de leitura

Gênero: Notícia
Título: "Arqueóloga descobre desenhos feitos por crianças pré-históricas em cavernas na França".
Autora: Ludmilla Balduino
Portador: *Recreio*. Disponível em: http://www.recreioline.com.br/noticias/arqueologa-descobre-desenhos-em-cavernas-feitos-por-criancas-pre-historicas.
Duração: 3 aulas
Professora: Aparecida Auxiliadora de Lourdes
Agrupamentos dos alunos: os alunos estarão agrupados em pares avançados
Série: 3º ano do Ensino Fundamental

Objetivos de ensino

Contribuir para que os alunos conheçam o gênero em questão e localizem as informações que realmente são importantes no texto.

Expectativas de aprendizagem

- Ler, com ajuda e/ou autonomamente, apoiando-se em conhecimentos sobre o assunto do texto e as características do portador/suporte e do gênero textual.
- Estabelecer relação entre o título e o texto ou entre as imagens (fotos e ilustração) e o texto lido em voz alta pelo professor ou de forma autônoma.
- Localizar informações explícitas no texto.
- Estabelecer relação entre o texto lido pelo professor e seus conhecimentos de mundo.

Antes da leitura

1. Conversar com os alunos e perguntar se conhecem a revista *Recreio*. Apresentar o portador e informar que o texto foi retirado de uma revista semelhante.
2. Informar aos alunos que a leitura será feita no *data-show* utilizando a revista *on-line* (explicar que foi pesquisada no Google e preparada uma atividade diferente, utilizando um outro meio que não o impresso).
3. Apresentar a imagem (foto da notícia), levantando os seguintes questionamentos: que imagem é essa? Que lugar é esse?
4. Apresentar o título e confirmar ou retificar as ideias levantadas.
5. Voltar à imagem e discutir as seguintes questões: o que será que foi utilizado para fazer esses desenhos? Em que época foram feitos? Por que não foram feitos em papel? Sobre qual assunto eles acham que a notícia vai falar [fazendo algumas intervenções se necessário, tais como: quem vocês acham que fez esses desenhos? Que lugar é esse?].
6. Registrar na lousa algumas hipóteses levantadas pelos alunos para futura confirmação.
7. Explorar a legenda: perguntar que nota eles atribuem e o porquê.
8. Quem já ouviu falar em Arqueologia? (Definir com o grupo).
9. O que é Pré-história? (Apresentar imagens para cavernas, crianças e mamutes. Poucas para não perder o foco).
10. Conversar rapidamente sobre a França (mostrar no mapa-múndi onde fica e explicar que é um país em outro continente).

Durante a leitura

Ler o texto, de forma compartilhada.
1. O professor fará a leitura do texto, dando pausas para fazer questionamentos para que sejam confirmadas ou não as hipóteses levantadas antes da leitura.

Trechos	Possíveis paradas para comentários
[...] "Eles estão na **caverna dos Cem Mamutes**, em Rouffignac, na França, que já é conhecida por ser coberta de magníficas **pinturas rupestres**. Lá tem várias imagens de mamutes, cavalos e rinocerontes."	No final do segundo parágrafo, aparece o termo **pintura rupestre** .O que significa a palavra **rupestre**?
Mistério desvendado.	Que mistério poderia ser esse? O que significa desvendar?
"Então você pergunta: como a Jess conseguiu descobrir que os desenhos foram feitos por crianças, e até mesmo por uma menina de cinco anos, se ela não estava lá e nem existem fotos nem outra coisa que comprove isso?"	Como a Jess conseguiu descobrir que os desenhos foram feitos por crianças?

Depois da leitura

1. Fazer um desenho coletivo em papel kraft, com tintura a dedo, com tema a ser escolhido pelos alunos, que será exposto na escola para apreciação.

Sequência didática de leitura

Gênero: Notícia
Título: "Escolas são desafiadas a oferecerem lanches menos calóricos"
Autora: Maria do Carmo
Portador: *Folha de SP*. 07/09/2012. Disponível em: http://www1.folha.uol.com.br/folhinha/1150183-escolas-sao-desafiadas-a-oferecerem-lanches-menos-caloricos.shtml.
Duração: 6 aulas
Eixo norteador: Qualidade de vida e saúde integral
Professora: Maria do Socorro Gomes da Silva
Escola: Emeb Maria Gonçalves de Freitas Gonçalves
Agrupamento dos alunos: em duplas
Ano: 5° ano do Ensino Fundamental

Objetivos de ensino

Trabalhar com notícia para repertoriar os alunos, quanto ao gênero e seus temas na atualidade; e propiciar que os alunos conheçam as características do gênero notícia, fazendo uso das estratégias de leitura: antecipação, inferência, verificação e seleção, tendo em vista seus usos na mídia atual.

Expectativas de aprendizagens

- Relacionar a notícia a seu contexto de produção.
- Identificar o público-alvo provável de uma notícia.
- Identificar os elementos de tempo e espaço presentes na notícia para compreendê-la.
- Ler com ajuda e/ou autonomamente, apoiando-se em conhecimentos sobre o assunto do texto e as características do portador/suporte e do gênero textual.

- Estabelecer relação entre o título e o texto ou entre as imagens (fotos e ilustração) e o texto lido em voz alta pelo professor ou de forma autônoma.
- Localizar informações explícitas no texto.
- Fazer inferências e antecipações, baseando-se em elementos contextualizadores do texto.

Antes da leitura

Desenvolvimento	**Duração**
• Em uma roda de conversa fazer levantamento dos conhecimentos que os alunos têm sobre o gênero notícia. Registrar em cartaz o que sabem: — Quando queremos saber mais detalhes/fatos, por exemplo, sobre o campeonato brasileiro de futebol, sobre as eleições para prefeito, sobre a morte de algum artista famoso etc., onde podemos ter mais informações? Conversar com os alunos sobre o gênero notícia. — O que é uma notícia? E para que serve? — Onde costumamos encontrar as notícias? (Discutir os diferentes meios: televisão, rádio, revista, jornal etc.) • Apresentar *slides* ou portadores nos quais são encontradas as notícias.	1 aula
• Ler o título da notícia: "Escolas são desafiadas a oferecerem lanches menos calóricos". (Antes de iniciar a leitura, dizer que foi pesquisada na internet, *Folha de São Paulo on-line* no dia 07/09/2012, que foi assinada por Maria do Carmo/ Folhapress.	1 aula

- Explorar a imagem, questionando os alunos sobre o que veem.

- Apresentar o título da notícia e perguntar:

1. Alguém da sala já ouviu ou leu a respeito dessa notícia?

2. O que significam as palavras "desafiadas" e "calóricas"?

3. Registrar em papel kraft.

Durante a leitura

Desenvolvimento	Duração
• O professor lê em voz alta. Após a leitura, confirmar ou retificar as informações levantadas na etapa anterior.	1 aula

• Pedir para os alunos a segunda leitura (silenciosa) e, em duplas, que respondam por escrito, seguindo o roteiro.
• Localize e grife no texto o **parágrafo** que responde o quê, quando, onde e o porquê dos acontecimentos.

1. Vocês saberiam dizer se há diferença entre estar acima do peso e com excesso de peso?
Preencher a tabela:

Pessoas que estão...	Porcentagem	Idade
Acima do peso		
Excesso de peso		

2. O que quer dizer alimentação saudável?
3. Como é definido pelo texto o que são guloseimas? E sódio?
• Socialização das respostas (sempre retomando o texto).

Depois da leitura

Desenvolvimento	**Duração**
• Conversar com os alunos: vocês concordam com o que diz a notícia? Por quê? • Por que a notícia aborda um "Manual das Cantinas Escolares Saudáveis: promovendo a alimentação saudável" para as escolas particulares? • Como acontece a alimentação na nossa escola?	1 aula

- Elaborar um cartaz para expor na escola, com base na seguinte questão: para vocês, o que deve ter numa alimentação saudável?
- Degustação de lanche e suco natural para finalizar os trabalhos.
- Definir com o grupo o gênero notícia, a partir das discussões realizadas:

Definição de uma notícia (para o professor):

Organização da notícia: Título, lide (o quê, quem, quando, onde e por quê) e corpo do texto.

Definição: Relato de fato a partir dos elementos mais importantes. São os acontecimentos do dia ou da semana que tenham algum interesse jornalístico e que mostram uma determinada perspectiva de quem relata.

De modo a aprimorar ainda mais os nossos conhecimentos quanto aos aspectos inerentes ao gênero em foco, enfatizaremos seus elementos constituintes:

Título principal: geralmente apresenta-se grafado de forma bem evidente, com vistas a despertar a atenção do leitor.
Título auxiliar: funciona como um complemento do principal, acrescentando-lhe algumas informações, de modo a torná-lo ainda mais atrativo.
Lide (do inglês lead): corresponde ao primeiro parágrafo, e normalmente sintetiza os traços peculiares condizentes ao fato, procurando se ater aos traços básicos relacionados às seguintes indagações: **Quem? Onde? O quê? Como? Quando? Por quê?**
Corpo da notícia: relaciona-se à informação propriamente dita, procedendo à exposição de uma forma mais detalhada no que se refere aos acontecimentos mencionados.

Sequência didática de leitura

Gênero: Notícia/Esfera jornalística
Título: "Animais são utilizados em experimentos por laboratórios de São Roque; alguns são sacrificados"
Autor: Talita Bedinelli
Portador: *Folha de São Paulo*, 18/08/2012. Disponível em: http://www1.folha.uol.com.br/cotidiano/2012/08/1139422-uso-de-caes-beagle-em-testes-de-remedios-vira-alvo-de-protestos.shtml.
APs: Andréa Ribas Bortoletto, Lenenira Maria dos Santos, Maria de Lourdes de Moura Santos, Renata Fernandes Gomes Olaia e Vanessa Sotelo da Silva
Organização da sala/ agrupamento: alunos sentados em círculo ou semicírculo, organizados em duplas previamente estabelecidas pelo professor. Critério do agrupamento: ter na dupla um aluno com leitura mais fluente.
Ano/serie: 3º e 5º anos do Ensino Fundamental

Expectativas de aprendizagem

• Ler com ajuda e/ou autonomamente, apoiando-se em conhecimentos sobre o assunto do texto e as características do portador/suporte e do gênero textual.
• Estabelecer relação entre o título e o texto ou entre as imagens (foto e ilustração).
• Localizar e inferir informações sobre o texto lido pelo professor.
• Estabelecer conexões entre os textos e os conhecimentos prévios, vivências, crenças e valores.
• Mobilizar as habilidades de leitura, na tentativa de (re)construir os sentidos do texto.

Antes da leitura

1. Exploração da imagem referente à notícia:
• Qual será o assunto/tema da notícia?

- Quais informações podemos obter a partir da imagem?
- Vamos tentar antecipar o título da notícia? Justifique a resposta.

Danilo Verpa - 17.ago.12/Folhapress

2. Entregar o texto, informando sobre o jornal no qual foi publicado, a especificidade da seção da qual foi retirado (Cotidiano), indicação de data e autoria (São Paulo, sábado, 18 de agosto de 2012 – Folha de São Paulo – Talita Bedinelli). Mostrar o jornal na íntegra aos alunos, indicando nome e seção da qual foi retirado o texto a ser estudado.

3. Solicitar que digam o que sabem sobre o que é uma notícia (de maneira genérica, como os programas jornalísticos da TV). Ouça as opiniões e registre na lousa.

4. Solicitar que um aluno leia em voz alta apenas o título da notícia. Pedir que a turma antecipe possíveis conteúdos a partir do título. Registrar na lousa as hipóteses levantadas pelos alunos.

- Pelo título e subtítulo, confirma ou retifica as antecipações levantadas na exploração da imagem, quanto ao tema da notícia a ser lida?
- O título e subtítulo dizem quais animais são utilizados?
- Quais animais geralmente são utilizados em experimentos?

Durante a leitura

1. Leitura silenciosa feita pelos alunos.

2. Leitura em voz alta feita pelo professor, com as devidas "paradas".

1º parágrafo	**1ª parada:** quem fará a manifestação em São Roque? Quem são estas pessoas? O que podemos entender por ativista? O que é manifestação? **Manifestação:** Ato ou efeito de manifestar; expressão publica de sentidos ou opiniões coletivas. **O ativismo político:** Ativismo, no sentido filosófico, pode ser descrito como qualquer doutrina ou argumentação que privilegie a prática efetiva de transformação da realidade em detrimento da atividade exclusivamente especulativa. Nesse sentido, freqüentemente subordina sua concepção de verdade e de valor. A imprensa por vezes usa o termo ativismo como sinônimo de manifestação ou protesto. Nas ciências políticas também pode ser sinônimo de militância, particularmente por uma causa. Usualmente, **ativismo** pode ser entendido como militância ou ação continuada com vistas a uma mudança social ou política, privilegiando a ação direta, através de meios pacíficos ou violentos, que incluem tanto a defesa, propagação e manifestação pública de idéias até a afronta aberta à Lei, chegando inclusive à prática de terrorismo. Disponível em: http://pt.wikipedia.org/wiki/Ativismo

2º parágrafo	**2ª parada:** o que significa "possíveis reações adversas"? Alguém conseguiria dar algum exemplo que ajude a compreender essa expressão? Em que pensou para dar tal exemplo? O que pode ocorrer com os animais que são testados? Após as respostas dos alunos, ler a frase inteira.
3º parágrafo	**3ª parada:** por que os animais são sacrificados? Grife no texto e leia em voz alta. Todos os cães são sacrificados? Leia a parte do texto que justifica sua resposta. Os animais sofrem maus-tratos ou é uma suposição dos ativistas? Em que trechos podemos esclarecer essa dúvida? De onde vem os cães para serem utilizados nas pesquisas? Localize no texto e leia em voz alta. Por que o trecho: "Recebemos a denúncia de que esses animais são acondicionados em condições irregulares" aparece entre aspas? O que te fez levantar esta hipótese? O que entende-se por acondicionados em ambiente irregular? Quem é Wilson Velasco Jr.? Qual o seu papel neste caso? Onde isso está escrito no texto?

Em todas as comarcas (Grande São Paulo e Capital e Interior) do Estado de São Paulo há ao menos um Promotor de Justiça encarregado da defesa do meio ambiente.

O Promotor de Justiça do meio ambiente tem por atribuição a defesa do Meio Ambiente ecologicamente equilibrado, bem de uso comum do povo e essencial à sadia qualidade de vida das presentes e futuras gerações. Assim, quando ocorre um dano, ou quando há perigo de que um dano ao meio ambiente ocorra, o Promotor de Justiça promove a defesa do meio ambiente no âmbito extrajudicial ou judicial (em favor de toda a sociedade, dos moradores de um determinado bairro ou cidade ou de um grupo de pessoas pelo dano ou potencial dano afetadas, ou seja, das presentes e futuras gerações), por meio de instrumentos como o inquérito civil público, o termo de compromisso de ajustamento de conduta e as ações coletivas, dentre as quais a ação civil pública.

Disponível em: http://www.mp.sp.gov.br/portal/page portal/ home/interna/meio_ambiente

QUESTÃO POLÊMICA 1º parágrafo	**4ª parada:** qual é a questão polêmica dada no texto? Por que o uso de subtítulo no texto? (Lembrar que o uso de subtítulo, em qualquer texto, direciona e facilita a leitura do leitor, porque antecipa o tema a ser tratado...) Qual a relevância do "no entanto" nesta frase? (locução adversativa- ideia de contradizer) O que significa nesse texto sequestrar a vida dos animais? O que te fez pensar desse modo? Por que Vanice Orlandi utiliza essa expressão nessa citação?
2º e 3º parágrafos	**5ª parada:** quais são os animas mais utilizados para experimentos no exterior? E no Brasil? Por que será que os Beagles são os mais utilizados para pesquisa?
Último período do 3º parágrafo	**6ª parada:** em que medida este parágrafo ajuda quem quiser participar da manifestação? (Seria bom discutir um pouco como as redes sociais têm ajudado a organizar protestos, no Brasil e no mundo...)

Depois da leitura

Quanto ao tema do texto:

1. Como você relaciona o que foi dito sobre a foto e o título no *Antes da leitura* e o *Durante a leitura* em que houve a leitura integral da notícia? Este momento é fundamental porque é quando o leitor faz "metacognição", ou seja, ele age (ou seja, lê) e reflete (ou seja, pensa sobre o que leu).

2. Camundongos e cães são animais. Há diferença em fazer experimentos em camundongos e cães? Por quê?
3. Em sua opinião, os cães sofrem ou não maus-tratos quando usados em pesquisas? Você concorda em usá-los em experimentos? Por quê?
4. O primeiro parágrafo diz que "O uso de cães em pesquisas é permitido e regulado por normas internacionais". Você concorda que o Brasil se paute numa norma internacional? Por quê?
5. Você sabia que utilizavam cães da raça Beagle para experimentos? Por que esta raça específica?

Quanto ao gênero textual:

1. Voltar ao primeiro parágrafo e verificar que lá estão as principais informações sobre o fato noticiado. Para compreender isto, preencher a tabela:

1º parágrafo da notícia ou lide*	
Quem	
O quê	
Quando	

2. Na notícia, em geral, as informações mais importantes vêm primeiro e depois as informações vão sendo detalhadas, na direção do que é menos importante para quem está publicando o texto. Confirmando essa afirmação, enumere os parágrafos e escreva uma frase que sintetize cada parágrafo da notícia:

* Lide: Também chamado no Brasil de "cabeça", o lide e a abertura do texto da notícia ou da reportagem. Aportuguesada, a palavra é proveniente do inglês lead, que significa "guiar", "encabeçar", "conduzir", "induzir". "O lide integral e o mais comum na imprensa brasileira. Esta concentrado geralmente nos dois primeiros parágrafos e responde a perguntas básicas (quem – o quê – quando – onde – como – por quê), resumindo e situando o leitor quanto aos principais aspectos da noticia." (FARIA, M. A.; ZACHETTA JR., J. *Para ler e fazer o jornal na sala de aula*. São Paulo: Contexto, 2002. p. 29).

1º parágrafo ou lide já está na tabela.

2º parágrafo: ____

3º parágrafo: ____

4º parágrafo: ____

5º parágrafo: ____

6º parágrafo: ____

7º parágrafo: ____

8º parágrafo: ____

9º parágrafo: ____

10º parágrafo: ____

3. Atentar para o 10º parágrafo. Verificar que ele (mesmo sendo o último parágrafo e contrariando o que afirmamos em relação à hierarquia das informações, ao longo de uma notícia) tem grande importância em relação ao fato noticiado. Por quais razões isto se dá, ou seja, como se poderia explicar esta escolha intencional do editor?

4. Se considerarmos a definição a seguir, como você explicaria que o que leu é uma "notícia"?

"Notícia: Informações sobre um acontecimento, considerado, por quem publicar, importante ou interessante para ser mostrado a determinado publico. Sobre esse fato são observadas, entre outras, as seguintes características, para se definir se ele e ou não e noticia: ineditismo, atualidade, veracidade e o potencial importância ou interesse que ele pode ter para uma dada parcela da sociedade." (FARIA, Maria Alice; ZACHETTA JR., Juvenal. *Para ler e fazer o jornal na sala de aula*. São Paulo: Contexto, 2002. p. 26).

Opinião do leitor

1. O que acharam da notícia? Por que publicar uma notícia como essa num jornal? Todo leitor se interessaria por esse tipo de notícia? Qual o público leitor previsto pelo jornalista que escreveu essa notícia?

2. Escreva um comentário, em apenas um parágrafo, com sua opinião para ser colocado no mural. (Professor: solicitar que os alunos, escrevam, corrijam e, depois, que façam a versão final para colocarem em tarjas de cartolina, para afixarem no mural. Sugestão de título: "Nossos comentários sobre as pesquisas com animais". Faça ainda um parágrafo para informar os leitores o contexto em que os alunos produziram suas opiniões).

Sequência didática de leitura

Gênero: Artigo de divulgação científica/Esfera escolar
Título: "Por que trocamos os dentes?"
Autor: Edelto dos Santos Antunes.
Portador: *Ciência Hoje das Crianças*, ano 25, nº 233, abr. 2012. Disponível em: http://chc.cienciahoje.uol.com.br/multimidia/revistas/reduzidas/233/?revista=233.
Professora: Suellen Alves Gonçalves
Escola: EMEB Jardim São Luiz
Organização da sala/agrupamentos: Alunos sentados em semicírculo, organizados em pares previamente estabelecidos pelo professor, o qual deve garantir, na dupla, um aluno com leitura mais fluente; ter disponível *data-show* para exibição e exploração das imagens e do texto.
Série: 3º ano do Ensino Fundamental.

Objetivo de ensino

Ensinar a ler artigo de divulgação científica, fazendo uso das estratégias de leitura (antecipação, inferência, seleção e checagem), construindo sentido para o texto com relação ao tema e gênero trabalhado.

Expectativas de aprendizagem

- Ler, com ajuda e/ou autonomamente, apoiando-se em conhecimentos sobre o assunto do texto e as características do portador/suporte e do gênero textual.
- Estabelecer relação entre o título e o texto ou entre as imagens (fotos e ilustração) e o texto lido em voz alta pelo professor ou de forma autônoma.
- Localizar informações explícitas no texto.
- Explicitar o assunto do texto lido pelo professor ou de forma autônoma.

- Inferir informações de texto lido pelo professor.
- Estabelecer relações entre o texto lido pelo professor e seus conhecimentos de mundo.
- Estabelecer conexões entre os textos e os conhecimentos prévios, vivências, crenças e valores.
- Fazer inferências e antecipações, com base em elementos contextualizadores do texto.
- Estabelecer a relação entre o título e o corpo do texto ou entre as imagens (fotos, ilustrações) e o corpo do texto.
- Apreender o assunto do texto, lendo ou ouvindo leitura alheia.

Antes da leitura

1. Exploração da imagem referente ao artigo:
- Quais informações podemos obter a partir da imagem?
- Qual será o assunto/tema do artigo?
- Qual será o título do artigo? Por quê?

Atenção: este levantamento será registrado em cartaz para posterior consulta.

2. Exploração do título do artigo:
- O título confirma as antecipações levantadas na exploração da imagem quanto ao tema do artigo a ser lido?
- Que respostas dariam à pergunta apresentada pelo título?

Atenção: este levantamento será registrado em cartaz para posterior consulta.

3. Apresentação do portador, do gênero e do autor:
- Questionar sobre o que sabem acerca da revista *Ciência Hoje das Crianças*.
- Apresentar a revista que será utilizada ou, caso não haja, apresentar outra edição e explicar que o artigo foi retirado de portador semelhante.
- Escrever na lousa as palavras ARTIGO DE DIVULGAÇÃO CIENTÍFICA e fazer um levantamento dos conhecimentos pré-

vios dos alunos a partir dos seguintes questionamentos: o que significa divulgar? O que significa científico? Para que será que serve um artigo de divulgação científica? Será que qualquer pessoa pode escrever um artigo de divulgação científica?

- Apresentação do autor: neste momento, enfatizar as especificidades científicas do autor, o que garante credibilidade ao artigo por ele publicado.

Edelto dos Santos Antunes: graduado em odontologia pela Universidade Federal Fluminense, pós graduado em Cirurgia Buco Maxilo Facial pela Universidade do Grande Rio – Unigranrio, mestre em Cirurgia Buco Maxilo Facial pela Unicastelo, doutorando em Engenharia Mecânica pela USP. Atualmente é cirurgião buco maxilo facial do Hospital Santa Tereza, e em consultório próprio, em Petrópolis. É professor de Anatomia Humana do Departamento de Morfologia da Universidade Federal Fluminense, professor convidado de Anatomia dos cursos de pós-graduação da Associação Brasileira de Ortopedia dos Maxilares e do Grupo Straight Wire do Brasil, além de Conferencista em Congressos científicos nacionais e Internacionais nas áreas de Cirurgia Buco Maxilo Facial, Neurocirurgia, Cirurgia Plástica, Engenharia de tecidos e Células Tronco. É membro da Associação Brasileira de Engenharia de Tecidos e Células Tronco. Pesquisador Responsável pelo PROTOCOLO CLÍNICO USP/UCP/HST – Reconstruções Craniofaciais junto à Anvisa, com patentes concedidas e patentes depositadas na áreas de materiais e produtos implantáveis a serem empregados nas reconstruções craniofaciais.
Disponível em: http://buscatextual.cnpq.br.

Durante a leitura

1. Leitura em voz alta, feita pelo professor, com as devidas "paradas".

Trechos	Paradas
Primeira parte do 1º parágrafo	**1ª parada:** o que será que aconteceu de estranho?
Segunda parte do 1º parágrafo	**2ª parada:** o que significa dizer que o sorriso ficará com "janela aberta"? Por que essa expressão aparece entre aspas?
2º parágrafo	**3ª parada:** como são chamados os nossos primeiros dentes? É uma expressão que aparece, novamente, entre aspas. Por quê? Como são chamados os dentes que ocupam o lugar dos dentes de leite? Por que eles recebem este nome? Por que será que os dentes de leite são pequenos e os permanentes são maiores? Chamam-se dentes de leite porque o seu aparecimento coincide com a etapa da lactância, quando o bebê está sendo amamentado. Disponível em: http://www.linguee.pt/portugues-ingles/traducao/dente+de+leite.html
Interrogativa do 3º parágrafo	**4º parada:** por quê?

3º parágrafo	**5ª parada:** o que significa a palavra EVOLUÇÃO? Na evolução dos animais, passar a ter dentes foi bom ou ruim? Onde podemos encontrar, no texto, algo que confirme essa informação? Qual(is) vantagens temos por possuir dentes? Evolução A evolução pode ser definida, em poucas palavras, como o processo de variação e adaptação de populações ao longo do tempo, podendo inclusive provocar o surgimento de novas espécies a partir de uma preexistente. Dessa forma, a grande diversidade de organismos presentes em nosso planeta pode ser explicada por meio dessa teoria. Registros escritos de grandes filósofos pré-socráticos nos mostram que o pensamento evolucionista não se deu, basicamente, e tampouco unicamente, por Charles Darwin. Aliás, a apresentação desta teoria à Linnean Society, em 1858, foi feita com a coautoria de Alfred Wallace: naturalista menos abastado que, sem o prévio conhecimento das ideias de Darwin, conseguiu compreender da mesma forma o aparecimento e perpetuação de espécies variadas e de formas específicas.
Primeira parte do 4º parágrafo	**6ª parada:** com qual idade os primeiro dentes começam a aparecer? Por quê?

Segunda parte do 4º parágrafo	**7ª parada:** por que os dentes de leite são menores e mais frágeis? O que significa a palavra FACE?
5º parágrafo	**8ª parada:** com qual idade os dentes começam a ser trocados? Como acontece essa troca? Por que acontece essa troca? Durante a troca, nasce algum outro dente que não existia? Qual? Para que ele serve? Afinal, por que não nascemos com os dentes definitivos? O texto confirmou as respostas dadas por vocês, anteriormente?
6º parágrafo	**9ª parada:** com qual idade, mais ou menos, termina essa troca de dentes? Com 15 anos, a maioria das pessoas têm quantos dentes na boca? Como chegaram a essa resposta? Algum dente ainda aparecerá após a troca? Como ele se chama?
Primeira parte do 7º parágrafo	**9ª parada:** se o tema abordado é dente, qual dica vocês acham que o autor tem para dar?

Segunda parte do 7º parágrafo	**10ª parada:** por que a saúde da boca é importante em qualquer idade?

Depois da leitura

1. O objetivo do artigo de divulgação científica é ensinar algo ao leitor. A partir disso, questionar os alunos acerca do que eles aprenderam com esta leitura.
2. Entregar uma cópia do artigo para cada dupla e solicitar que façam a leitura novamente.
3. Após um tempo, retomar a pergunta do título do artigo e pedir para que grifem trechos que respondam a ele.

Sequência didática de leitura

Gênero: Artigo de divulgação científica
Título: "Por que é perigoso passar as mãos nos olhos depois de tocar uma borboleta?"
Autora: Mirna Martins Casagrande
Portador: *Ciência Hoje das Crianças*, nº 208, dez. 2009. Disponível em: http://chc.cienciahoje.uol.com.br/multimidia/revistas/reduzidas/208/?revista=208.
Duração: 2 aulas
Áreas: Língua Portuguesa e Ciências
Professora: Lilian Ribas Gomez Alvarez
Escola: Emeb Lucy Aparecida Bertoncinni
Agrupamento dos alunos: sentados em círculo, cada um com seu texto.
Série: 5º ano do Ensino Fundamental

Objetivos de ensino

Propiciar aos alunos o contato com o universo da ciência pela linguagem que lhes seja familiar; proporcionar o conhecimento do gênero artigo de divulgação científica fazendo uso das estratégias de leitura: antecipação, inferência, verificação e seleção.

Expectativas de aprendizagens

- Relacionar o artigo de divulgação científica a seu contexto de produção.
- Examinar o uso de vocabulário técnico.
- Estabelecer relação entre o título e o texto ou entre as imagens (ilustração) e o texto lido em voz alta pelo professor;
- Localizar informações explícitas no texto.
- Fazer inferências e antecipações, com base em elementos contextualizadores do texto.

- Ler com ajuda e/ou autonomamente, apoiando-se em conhecimentos sobre o assunto do texto e as características do portador/ suporte e do gênero textual.

Antes da leitura

1. Apresentação da imagem, para tratar da antecipação de leitura e levantamento de hipóteses dos leitores.

- Apresentar a imagem do artigo e questionar os alunos:
    - O que vocês veem na imagem?
    - O que o menino está fazendo?
    - Por que será que tem uma lágrima nos olhos dele?

2. Apresentação do portador textual.

- Mostrar o portador revista *Ciência Hoje das Crianças*, questionando-os:
    - Vocês conhecem esta revista?
    - O que encontramos nessa revista, geralmente?
    - Quem se lembra de algum assunto que ficou sabendo, por meio desta revista?

3. Apresentação do título.

Apresentar o título, questionar e registrar em um cartaz o que eles falarão: vocês já ouviram dizer que é perigoso passar as mãos nos olhos depois de tocar em uma borboleta?

4. Apresentação da autora do artigo.

Mirna Martins Casagrande possui graduação em Licenciatura em Ciências Biológicas pela Universidade Federal do Paraná (1974), mestrado em Ciências Biológicas (Entomologia) pela Universidade Federal do Paraná (1977) e doutorado em Ciências Biológicas (Entomologia) pela Universidade Federal do Paraná (1982). Complementou seus estudos em Lepidoptera como pesquisador visitante nas grandes coleções do Brasil, America do Norte e Europa. Foi editora da Revista Brasileira de Zoologia por 10 anos. É Professor Titular da Universidade Federal do Paraná e pesquisador 1C do Conselho Nacional de Desenvolvimento Científico e Tecnológico. Tem experiência e orienta na área de Entomologia, com ênfase em Sistemática, Bionomia, Morfologia e Biodiversidade de Lepidoptera.

5. Conversar com os alunos, de forma lúdica, mais brincando com as palavras do que se preocupando com a nomenclatura a respeito de haver estudiosos, especialistas em determinados estudos de animais, por exemplo:

- entomologista: estuda os insetos, incluindo borboletas;
- sctiólogo: estuda os peixes;
- ornitólogo: cria e estuda espécies de pássaros;
- herpetólogo: especialista no estudo de répteis e anfíbios;
- malacólogo: estuda os moluscos;
- cetologista: estuda o comportamento e a vida dos mamíferos marinhos;
- helmintologista: estuda os vermes;
- ficologista: zoólogo que estuda as algas;
- cinólogo: estudo dos cães.

Disponível em http://www.todabiologia.com/zoologia/zoologo.htm.

No caso, a autora do artigo em questão é uma entomologista.

Durante a leitura

1. Entregar uma cópia do texto para cada aluno e pedir que leiam, silenciosa e individualmente.
2. Realizar uma segunda leitura com os alunos, em que o professor lê, em voz alta, com as seguintes paradas:

1º parágrafo	**1ª parada:** solicitar que os alunos grifem o pronome "Elas" e perguntar a quem se refere esse pronome.

1º parágrafo	Reflexão para o professor: É interessante observar que o "Elas" se refere ao que está no título, ou seja, o substantivo já foi tratado, anteriormente no próprio texto, mas como é um artigo de divulgação científica para crianças, houve mais liberdade neste uso, no sentido de fazer a "ligação" entre substantivo e pronome, tendo em vista o título e o início do corpo do texto
2º parágrafo	**2ª parada:** se é só um pouco perigoso, o que pode ocorrer? O que seria para vocês irritações simples?
3º parágrafo	**3ª parada:** o texto define o que são borboletas e suas características, localize no texto esta definição e faça a leitura em voz alta; Porque o autor utiliza a expressão "É aí que mora o 'xis' da questão!" Qual é o 'xis' da questão? Em quais outras situações podem ocorrer as irritações semelhantes no olho?

4º parágrafo	**4ª parada:** segundo o texto, como prevenir? Verificar que aqui há uma continuidade da definição de "borboleta", no trecho; "... o colorido das borboletas à sombra ou ao Sol, quando, muitas vezes, suas asas refletem a luz e produzem efeitos metálicos, que lembram as cores do arco-íris."
5º parágrafo	**5ª parada:** por que em um jardim de flores há sempre muitas borboletas? Definição pelo professor o que é "néctar" e "polinização": Néctar é uma solução doce presente em flores e também na superfície de folhas e brácteas que são FOLHAS com coloração viva [vermelho, por exemplo] que funcionam como atrativos para os polinizadores) A polinização é responsável pela reprodução das plantas.

Depois da leitura

1. Conversar com os alunos: o que vocês aprenderam com o artigo de divulgação científica? Vocês gostaram? Acharam curioso?
2. Retomar as anotações feitas no início da leitura para cotejar o levantamento de conhecimento prévio realizado no "Antes da leitura".

3. Verificar que há uma citação de discurso direto com uso do travessão e dois pontos no 1º parágrafo. Por que será que isso foi utilizado? (Discutir com os alunos o porquê foi utilizado o discurso direto neste texto, uma vez que este uso é mais frequente em narrativa ficcional).

• Solicitar que os alunos grifem e procurem no dicionário os vocábulos técnicos que aparecem no 3º parágrafo.

Lepidoptera é uma ordem de insectos (*lepidópteros*) muito diversificada que inclui as borboletas e um grupo chamado de traças em Portugal ou mariposas no Brasil. O grupo inclui insectos com dois pares de asas membranosas cobertas de escamas e peças bucais adaptadas a sucção. O ciclo de vida dos lepidópteros é holometabólico e engloba quatro etapas: ovo, larva (quando é especificado por lagarta), pupa (especificada como crisálida) e imago (a fase adulta).

Membrana é uma estrutura (ou material) fina, tipicamente plana, que separa dois ambientes. Uma vez que se dispõe entre ambientes ou fases e que tem um volume finito, pode ser referida como interfase em vez de interface.

Escama é uma estrutura óssea ou de queratina formada pela pele de muitos animais, como órgão de proteção.

Globo ocular é a estrutura do olho humano que tem o formato de um globo, disposto em uma cavidade óssea e protegido pelas pálpebras humanas. Do lado de fora.

• O 4º parágrafo é iniciado com a palavra (conjunção) "Portanto". Por quê? O que isto tem a ver com a construção dos sentidos do texto? Em que circunstâncias, usamos "portanto"?

• Solicitar que os alunos procurem no texto exemplos de trechos que demonstram que a autora quer se aproximar do leitor, solicitando sua adesão ao que ela expõe, como em "...vamos combinar de observar a beleza desses insetos sem tocá- los?".

• Ao final, ficamos sabendo que "passar a mão nos olhos depois de tocar uma borboleta" é perigoso, "mas só um pouco". Se isto acontecer, basta lavar os olhos com água limpa. É interessante discutir aqui como, muitas vezes, saber, cientificamente, certas coisas, nos ajuda, mas, muitas vezes é o senso comum ou algum "mito" que nos faz agir, sem base científica. Que outras situações os alunos conhecem que confirmam esta ideia? Alguns exemplos podem ser: "Pode comer manga com leite?"; "Pode lavar a cabeça, quando a menina está menstruada"; "Comer banana à noite faz mal". Que mais? Esta questão poderia ser "objeto de pesquisa" na família, pois as crianças podem não se lembrar, mas os pais e parentes podem se lembrar de mais exemplos. A importância aqui é contribuir para que os alunos percebam a função das ciências que é oferecer mais dados sobre a realidade, ampliar as referências, questionar as "verdades" e assim por diante (caso não apareçam tantos exemplos, solicitar uma pesquisa para casa).

Sequência didática de leitura

Gênero: Conto
Titulo do conto selecionado: "Um Apólogo"
Autor: Machado de Assis
Portador: Disponível em: http://www.dominiopublico.gov.br/download/texto/ua000231.pdf.
Duração: 12 aulas
Eixo predominante: Língua Portuguesa
Professora: Eliane Cecato
Escola: Emeb Arnaldo Correia da Silveira
Ano: 5º ano do Ensino Fundamental

Objetivos de ensino

Possibilitar aos alunos que sejam capazes de distinguirem um conto de outros gêneros literários em prosa; ensinar as estratégias de leitura (antecipação, inferência e verificação), desenvolvendo comportamentos leitores.

Expectativas de aprendizagem

- Ler, com ajuda e/ou autonomamente, apoiando se em conhecimentos sobre o assunto do texto e as características do portador/suporte e do gênero textual.
- Localizar e inferir informações explícitas e implícitas no texto lido pelo professor.
- Levantar as ideias principais do texto para organizá-las em sequência lógica.

Antecipação da leitura

1. Pedir que os alunos citem nomes de escritores que já leram e seus livros. Depois de explicitado pelos alunos, o professor perguntará se eles conhecem ou já leram algum livro ou texto do autor Machado de Assis (é uma maneira importante para que comecem a contextualizar sobre o que irão ler e ajuda os alunos a se lembrarem dos títulos de obras e autores que já conhecem).

Atenção: o professor registrará na lousa, depois excluir no papel kraft, para ficar exposto para as próximas aulas de leitura.

2. Em seguida, falar sobre a época, lugar e o portador textual em que o texto foi publicado, a apresentação será feita no *data-show*, em ordem cronológica, e com elementos que possibilitem a localização do aluno do tempo e espaço da época.
3. Sobre a mesa, deixar uma caixa de costura, deixando à vista um pedaço de pano, uma agulha, uma linha e um alfinete para chamar a atenção dos alunos para os objetos, fazendo questionamentos sobre os elementos: qual a função da agulha, da linha e do alfinete na costura de uma roupa?
4. Depois de questionadas as funções de cada objeto na costura de uma roupa, perguntar aos alunos quem eles preferem ser: a agulha ou a linha na costura de um vestido de baile? Esta é uma boa forma de anteciparem o tema do texto a ser lido. Pedir que justifiquem a escolha com bons argumentos. As contribuições dos alunos serão registradas na lousa em duas colunas e depois no papel kraft.
5. Antes de iniciar a leitura, questionar os alunos sobre o tema, ou seja, a ideia de soberba, de se querer ser mais importante do que o outro. O professor irá questionar se os alunos já vivenciaram situações parecidas: vocês conhecem a palavra "soberba"? O que é ser "soberbo"? O que significa "menosprezar"? Vocês já passarem por situações parecidas?
6. Dizer aos alunos que, pelo fato de o texto ter sido escrito no ano de 1896, algumas palavras ou expressões podem não ser conhecidas por eles, mas que no decorrer do processo de leitura da história poderão entender através do contexto atual. No final poderá ser usado o dicionário para esclarecimentos de algumas palavras.

Durante a leitura

1. Ler com boa entonação de voz para que os alunos possam entender o texto e também se divertirem com ele.

Leitura compartilhada

Texto integral	Possíveis paradas para comentários
Era uma vez uma agulha, que disse a um novelo de linha: — Por que você esta com esse ar, toda cheia de si, toda enrolada, para fingir que vale alguma coisa no mundo? — Deixe-me senhora. (**traduzindo: não enche.**) — Que a deixe? Que a deixe, por quê? Porque lhe digo que está com ar de insuportável? Repito que sim, e falarei sempre que me der na cabeça.	O professor já pode fazer a pergunta: "podemos identificar os personagens do conto?":
— Que cabeça, senhora? A senhora não é alfinete, é agulha. Agulha não tem cabeça. Que lhe importa meu ar? Cada qual tem o ar que Deus lhe deu. Importa-se com a sua vida e deixe a dos outros.	Por que o novelo diz pra agulha: "Que cabeça senhora?". A que está se referindo?

— Mas você é orgulhosa? — Decerto que sou? (**traduzindo: sou, e daí?**) — Mas por quê? — É boa! Porque coso (**costuro**). Então os vestidos e enfeites da nossa ama (**dona**), quem é que os cose (**costura**), senão eu? — Você? Essa agora é melhor. Você é que os cose (costura)? Você ignora que quem os cose sou eu e muito eu? — Você fura o pano, nada mais; eu é que coso, prendo um pedaço no outro, dou feição aos babados ... — Sim, mas que vale isso? Eu é que furo o pano, vou adiante, puxando por você, que vem atrás, obedecendo ao que eu faço e mando...	Aqui preciso que vocês fiquem atentos na conversa da linha e da agulha, para que possamos discutir ao final da leitura. (**Para que possam perceber que o argumento de cada uma delas, apesar de validos, é derrubado**). Seria interessante, por exemplo, dividir a lousa ao meio e na coluna, à esquerda, colocar os "Argumentos da linha" e, à direita, os "Argumentos da agulha". O professor vai preenchendo com os alunos, conforme a leitura vai se dando. Isto é um recurso didático interessante, pois nem sempre o leitor sabe quem está falando. Qual o significado da palavra "cose"?
— Também **os batedores vão adiante do imperador.** — Você imperador? — Não digo isso. Mas a verdade é que você faz um papel subalterno, indo adiante; vai só mostrando o caminho, vai fazendo o trabalho obscuro e ínfimo. Eu é que prendo, ligo, ajunto...	O que significa "os batedores vão adiante do imperador". Se os alunos não souberem responder, dizer que irá continuar o conto e ao termino da leitura você irá retomar e explicar o significado. Se deixar falarem muito, pode ser que os alunos dispersem.

Estavam nisto, quando a costureira chegou à casa da baronesa. Não sei se disse que isto se passava em casa de uma baronesa, que tinha a modista (**estilista**) ao pé de si, para não andar atrás dela. **Chegou a costureira, pegou do pano, pegou da agulha, pegou da linha, enfiou a linha na agulha, e entrou a coser**. Uma e outra iam andando orgulhosas pelo pano adiante que era o melhor das sedas, entre os dedos da costureira, ágeis como os galgos de Diana – para dar a isto uma cor poética. E dizia a agulha:

O que significa a palavra modista (**estilista**), deixar que os alunos falem e colocar na lousa O que significa a palavra modista? O que faz uma costureira? O que a modista esta fazendo ao pé da baronesa? Tentar fazer uma ligação de costureira com a modista. O professor poderá trabalhar também com exemplos com o sufixo "ista" que indica profissão, seria bom, por exemplo: "dent-ista", "anal-ista", "econom-ista".

Trabalhar com as partes grifadas as estratégias abaixo:

A agulha e a linha estavam ainda discutindo quem era a mais importante no papel da costura e foram interrompidas, quem foi que as interrompeu? Porque será que a costureira interrompeu o dialogo das duas? Observando todo o dialogo entre as duas, o que podemos perceber? Elas estão certas em suas ideias? A agulha é mais importante que a linha, ou a linha é mais importante que a agulha?

Seria produtivo conversar sobre o fato de o diálogo da linha e da agulha ter sido interrompido por uma "autoridade no assunto", ou seja, uma costureira ou modista, que é uma boa mediadora, em relação aos argumentos que cada uma (agulha e linha) levantam...

— Então, senhora linha, ainda teima no que dizia há pouco? Não repara que esta distinta costureira só se importa comigo eu é que vou aqui entre os dedos dela, unidinha a eles, furando abaixo e acima....	A discussão entre a agulha e a linha terminou? A linha e a agulha perceberam o que a costureira fez ao pegar as duas e alinhavar o vestido?
— A linha não respondia nada; ia andando. Buraco aberto pela agulha era logo enchido por ela, silenciosa e ativa, com quem sabe o que faz, e não está para ouvir palavras loucas. A agulha, vendo que ela não dava resposta, calou-se também, e foi andando. E era tudo silencio na saleta de costura; não se ouvia mais que o plic-plic-plic-plic da agulha no pano. **Caindo o sol, a costureira dobrou a costura, para o dia seguinte; continuou ainda neste e no outro, até que no quarto acabou a obra, e ficou esperando o baile.** Veio a noite do baile, a baronesa vestiu-se. A costureira, que a ajudou a vestir-se, levava a agulha espetada no corpinho, para dar algum ponto necessário. E enquanto compunha o vestido da bela dama, e puxava de um lado ou outro, arregaçava daqui ou dali, alisando, abotoando, acolchetando, a linha, para mofar (**debochar**) da agulha, perguntou-lhe.	Faremos um exercício de coesão textual, perguntando, por exemplo: • "outro" o quê? Os alunos têm que perceber que é "outro dia", uma vez que já estava dito anteriormente "o dia seguinte", o narrador não repetiu a palavra "dia", certo? • "no quarto" o quê? No "quarto dia", certo? Enfim, a palavra "dia" ficou explícita uma vez e duas vezes ficou oculta.

— Ora, agora diga-me, quem é que vai ao baile, no corpo da baronesa, fazendo parte do vestido e da elegância? Quem é que vai dançar com ministros e diplomatas, enquanto você volta para a caixinha da costureira, antes de ir para o balaio (**cestinha**) das mucamas (**costureiras**)? Vamos diga, lá.	Seria interessante discutir com os alunos como a seleção de palavras (o léxico) deste trecho mostra a diferença entre a linha e a agulha mais uma vez. Mostrar que as palavras relacionadas à linha são: "baile", "baronesa", "vestido", "elegância", "ministros", "diplomatas", o que demonstra sua pretendida superioridade. As palavras ligadas à agulha são: “”caixinha da costureira", "balaio", "mucama". Ou seja, a agulha fica com o lado do trabalho e a linha com o lado da festa...
Parece que a agulha não disse nada; mas um alfinete, de cabeça grande e não menor na experiência, murmurou (**cochichou**) à pobre agulha: — Anda, aprende, tola. Cansas-te em abrir caminho para ela e ela é que vai gozar da vida, enquanto aí ficas na caixinha de costura. Faze como eu, eu não abro caminho pra ninguém. Onde me espetam fico.	Conversar com os alunos, com a entrada de "um alfinete" confirma o papel da agulha de ser apenas "**a que abre caminho para a linha**"? E que depois volta para seu lugar: a caixa de costura? Ressaltar que "agulha e alfinete" são mais parecidos, em suas funções do que "agulha e linha". Ressaltar ainda que o alfinete inverte sua situação. Ele trata sua imobilidade ("Onde me espetam fico") como sendo aquilo que ele quer, mas, na verdade, ele é objeto do desejo do outro, ou seja, de alguém que decide espetá-lo onde a pessoa quiser.

	Ele é um objeto da ação alheia e não de sua própria ação. Isto é uma fina ironia do narrador (e do autor, Machado), além de se aproximar da ideia da fábula "A raposa e as uvas", quando a raposa, percebendo que não consegue alcançar as uvas, diz que elas estão verdes, por isto a moral é "Quem desdenha, quer comprar"... aqui serve de reflexão para o professor.
Contei essa história a um **professor de melancolia**, que me disse, abanando a cabeça: — **Também eu tenho servido de agulha a muita linha ordinária.**	O que vocês acreditam ser a expressão "Professor de melancolia"? O que será que o autor Machado de Assis quer dizer com esta frase final? Deixar os alunos refletirem.

Depois da leitura

1. Análise do texto

• Fazer uma análise do texto, ajudando os alunos a perceberem os elementos da narrativa e, neste caso, o desenvolvimento do enredo (**farão a atividade em dupla justificando as respostas com os elementos do texto e depois no coletivo**).

Situação inicial	Conflito	Desfecho
Início de um diálogo entre a linha e a agulha.	A discussão das duas para defenderem quem tem a função mais importante numa costura.	E o momento em que um outro personagem entra e leva a reflexão para a agulha.

- Quem são os personagens principais e os secundários?
- Em que lugar a história se desenvolve?
- Quanto tempo se passa entre o momento em que a agulha começa a implicar com o novelo de linha até a finalização da costura do vestido?
- Quando a discussão recomeça?
- Quem é o narrador da história? Ele diz ao leitor que contou a história a uma pessoa. Quem é ela? A justificativa da resposta tem que ser com os elementos do texto.

2. Vocabulário

- Propor esta atividade para pares avançados para que cada dupla fique responsável por uma palavra ou expressão, fazendo a substituição pelo uso frequente no nosso cotidiano. Os alunos vão perceber **certos recursos linguísticos usados pelo escritor, que tornam o texto bem escrito**. Depois cada dupla irá socializar com a sala, confirmando ou não a substituição que foi feita.

Palavra ou expressão	Uso frequente do nosso cotidiano
Deixe-me senhora	Não enche
Decerto que sou?	Certamente, lógico
É boa! Porque **coso**	costuro
Então os vestidos e enfeites da nossa **ama**	patroa
Que tinha a **modista**	estilista
Acolchetando, a linha, para **mofar** da agulha, perguntou-lhe.	debochar
Antes de ir para o **balaio**	cesto
das **mucamas**	criadas
Murmurou	Cochichou

• Uso do dicionário para as palavras não compreendidas pelos alunos. Possíveis repostas:

Palavras que não conheço	O que acho que significa	O que o dicionário diz
Decerto, coser, obscuro, ínfimo modista, ágeis, galgos, mofar, balaio, mucamas		

3. Coesão textual

• Analisar os **pronomes** apresentados na história (trabalho já realizado em sala de aula, mais um recurso para que possam entender melhor o uso dos pronomes). Verificar como os pronomes ajudam a fazer a "costura" do texto, ou seja, sua coesão textual. Por exemplo:
a. no trecho a seguir, o pronome "sua" refere-se a quem: a agulha ou à linha? Como a fala é da linha, o "sua vida" refere-se à "vida da agulha". Reflexões como estas são importantes para os alunos perceberem como se dão as articulações entre partes de um texto.

— Que cabeça, senhora? A senhora não é alfinete, é agulha. Agulha não tem cabeça. Que lhe importa meu ar? Cada qual tem o ar que Deus lhe deu. Importa-se com a **sua** vida e deixe a dos outros.

b. No trecho a seguir, a palavra destacada refere-se à personagem agulha:

— Então, senhora linha, ainda teima no que dizia há pouco? Não repara que esta distinta senhora só se importa **comigo**; eu é que vou aqui ente os dedos dela, unidinha a eles, furando abaixo e acima...

4. Gênero textual

- Discutir com os alunos o gênero "apólogo", mostrando que ele trata de ensinamentos morais e éticos e que é muito parecido com o gênero "fábula".
- Nos apólogos, os objetos são personificações de valores e comportamentos humanos. A moral é expressa como conclusão. No texto trabalhado, o alfinete é o porta-voz da moral da história (ler novamente o que o alfinete fala, para comprovar a afirmação). Discutir com a sala essa moral e entregar para os alunos o texto para discussão: "Existem pessoas que facilitam a vida das outras, ajudando, abrindo caminhos e, na hora da conquista, quem recebe os benefícios é aquela que foi ajudada". Perguntar para os alunos o que pensam sobre isso e deixar que falem sobre suas ideias.
- Propor um resumo do texto lido em duplas (pares avançados), pois saber resumir um texto é uma forma de demonstrar que o compreendeu bem.

5. Opinião dos Alunos

- Perguntar para os alunos se gostaram da leitura e o porquê. Se conseguiram entender o texto ou se encontraram dificuldade para compreendê-lo.
- O texto "O apólogo" permite uma reflexão sobre os papéis de cada um em uma situação de trabalho e outras. Questionar a classe. Quando o trabalho é em equipe, um é melhor que o outro? Qual é o papel de cada um no esporte de grupo, no teatro, na dança e na sala de aula, quando há trabalhos em grupo.

Atividade permanente

Artigo de divulgação científica

Assistentes Pedagógicos: Andréa Ribas Bortoletto, Lenenira Maria dos Santos, Maria de Lourdes de Moura Santos, Renata Fernandes Gomes Olaia e Vanessa Sotelo da Silva

A Atividade Permanente é uma boa oportunidade de os alunos conviverem com um repertório de textos do mesmo gênero textual, e, a partir dessa experiência de imersão, poderem descobrir suas regularidades, compreendendo-o com maior profundidade. No caso do "**artigo de divulgação científica**", a turma amplia seus conhecimentos não somente sobre determinados assuntos ou temas das diferentes áreas do conhecimento humano, mas também sobre a finalidade e a linguagem específica deste gênero textual.

Objetivos de ensino

- Propor situações em que os alunos selecionem, livremente, o material de leitura, tendo em vista a formação do leitor proficiente e crítico.
- Possibilitar que os alunos vivenciem situações em que leem e comentam suas leituras, numa verdadeira "comunidade de leitores".
- Propiciar que os alunos conheçam mais o "artigo de divulgação científica", como gênero textual que trata de assuntos/temas das várias áreas do conhecimento humano e que tem uma linguagem própria.
- Ensinar os alunos a construir tabelas simples, como forma de consolidar dados/aspectos do que foi estudado.

Desenvolvimento da AP

Material: exemplares das revistas *Ciência Hoje das Crianças*, *Mundo Estranho* e *Superinteressante*, cuidadosamente selecionadas pelo professor para os vários momentos de leitura planejada.

Expectativas de aprendizagem

- Saber manusear e nomear diferentes portadores textuais.
- Apreender e explicitar o assunto do texto lido.
- Posicionar-se como falante e ouvinte, manifestando opinião e formulando perguntas sobre o tema.
- Estabelecer conexões entre o texto lido e os conhecimentos prévios, vivências, crenças e valores.

Procedimentos didáticos

1. Combine com os alunos quando acontecerá a atividade permanente, reservando, por exemplo, um momento do dia, semanalmente (sempre no mesmo dia da semana), durante um mês.

2. Na primeira semana:

a. Organize as revistas de forma que cada aluno, individualmente, possa escolher, o exemplar que quer ler.
b. Combine um tempo para os alunos fazerem uma "leitura seletiva" do exemplar da revista, folheando-o, detendo-se aqui e ali, sem se preocupar ainda em ler algo muito detalhadamente. É a leitura de exploração do portador.
c. Em seguida, solicite que escolham um texto para ler, de forma integral, e combine outro tempo para isto.
d. Expirado o tempo combinado, solicite que os alunos cometem oralmente a revista escolhida e suas observações em relação ao seu conteúdo. Comentar também o que leram, garantindo os turnos de fala (um fala e o outro ouve).

e. Em seguida, faça um levantamento na lousa ou em papel pardo para verificar quais assuntos ou temas foram mais escolhidos pelos alunos.

Tabela. Nossas preferências de leitura de artigos de divulgação científica

Atenção: temas que podem ser abordados: animais, corpo humano, plantas, planetas, jogos e brincadeiras etc.

Assunto ou tema	**A**	**B**	**C**	**D**	**E**
Quantos alunos escolheram					
Total					
Assunto ou tema mais escolhido					

3. Na segunda semana:

a. Distribua uma revista para cada dupla de alunos que deverá selecionar, para ler, um artigo que trate de animais (o professor deverá pesquisar revistas que tratem de assunto sobre animais).
b. Combine quanto tempo têm para selecionar o artigo e depois ler.
c. Expirado o tempo combinado, solicite que cometem oralmente o que leram, garantindo os turnos de fala (um fala e o outro ouve), procurando justificar por quais razões escolheram aquele texto.

4. Na terceira semana:

a. Selecione um artigo pequeno que seja de um assunto/tema ainda não escolhido pelos alunos nas outras duas semanas, para ampliar o repertório temático das diferentes revistas ou apenas da revista *CHC*.

b. Analise previamente o texto quanto ao desenvolvimento de seu tema e características do gênero textual. Depois, planeje uma leitura compartilhada a ser feita com os alunos, que podem ter cópia do texto ou não.

5. Na quarta semana,

a. Organize novamente várias revistas de forma que cada aluno, individualmente, possa escolher o exemplar que vai ler.

b. Combine um tempo para os alunos lerem o portador e seus textos escolhidos por eles.

c. Expirado o tempo combinado, faça um levantamento no papel pardo para discutir com os alunos o que eles aprenderam nas quatro semanas sobre as revistas selecionadas e o "artigo de divulgação científica".

Tabela. "Nossas aprendizagens" – revistas: *Ciência Hoje das Crianças*, *Superinteressante* e *Mundo Estranho*:

O que lemos	O que aprendemos	O que mais gostaríamos de ler	Onde mais podemos saber sobre estes assuntos/temas

Bibliografia da formação

BRASIL. Ministério da Educação. Secretaria de Educação Fundamental. *Parâmetros Curriculares Nacionais.* 1ª a 4ª Séries: língua portuguesa. Brasília, MEC/SEF, 1998.

Ensino Fundamental: linguagens e códigos/Diretoria de Educação de Cajamar/Prefeitura Municipal de Cajamar, 2012.

GERALDI, João Wanderley. *Portos de passagem.* São Paulo: Martins Fontes, 1991.

LERNER, D. *Ler e escrever na escola*: o real, o possível e o necessário. Porto Alegre: Artmed, 2002.

SÃO PAULO (SP). Secretaria Municipal de Educação. Diretoria de Orientação Técnica.Secretaria Municipal de Educação. Diretoria de Orientação Técnica. *Orientações curriculares e proposição de expectativas de aprendizagem para o Ensino Fundamental: Ciclo I.*

SÃO PAULO: SME / DOT, 2007.SÃO PAULO (SP). Secretaria Municipal de Educação. Diretoria de Orientação Técnica. Secretaria Municipal de Educação. Diretoria de Orientação Técnica. *Orientações curriculares e proposição de expectativas de aprendizagem para o Ensino Fundamental: ciclo II.* São Paulo: SME / DOT, 2007.

SCHNEUWLY, B. Gêneros e tipos de discurso: considerações psicológicas e ontogenéticas. In: SCHNEUWLY, B.; DOLZ, J. *Gêneros orais e escritos na escola.* Campinas: Mercado de Letras, 2004.

SOLÉ, Isabel. *Estratégias de leitura.* 6. ed. Porto Alegre: Artmed, 1998.

Porto de Idéias
EDITORA

www.portdeideias.com.br